U0664396

羅漢 ②

【中国传统题材造型】

徐华铠 ■ 编著

■ 中国林业出版社

图书在版编目（CIP）数据

中国传统题材造型 . 罗汉 .2 ／ 徐华铛编著 .－ 北京：中国林业出版社，2011.7
ISBN 978-7-5038-5496-5

Ⅰ . ①中… Ⅱ . ①徐… Ⅲ . ①罗汉－中国－图集 Ⅳ . ① J522

中国版本图书馆 CIP 数据核字（2011）第 156147 号

丛书策划　徐小英
责任编辑　徐小英
封面设计　赵　芳
设计制作　骐　骥

长眉罗汉　佚名

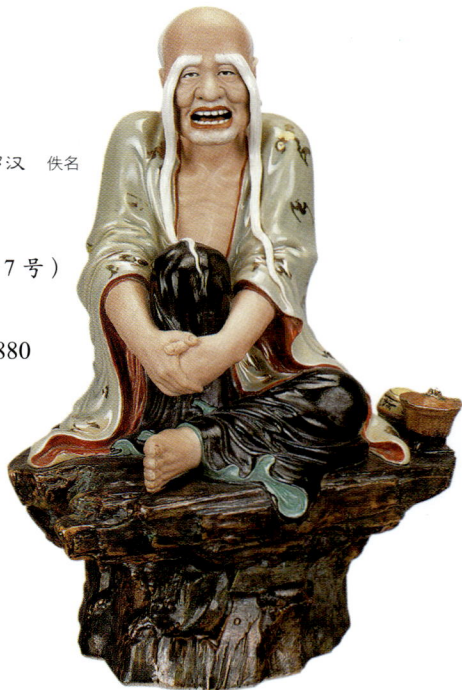

出　版	中国林业出版社（100009　北京西城区刘海胡同 7 号）
	http://lycb.forestry.gov.cn
	E-mail:forestbook@163.com　电话：(010)83222880
发　行	中国林业出版社
印　刷	北京中科印刷有限公司
版　次	2011 年 7 月第 1 版
印　次	2011 年 7 月第 1 次
开　本	190mm × 210mm
字　数	142 千字　插图约 260 幅
印　张	7.5
印　数	1 ～ 5000 册
定　价	48.00 元

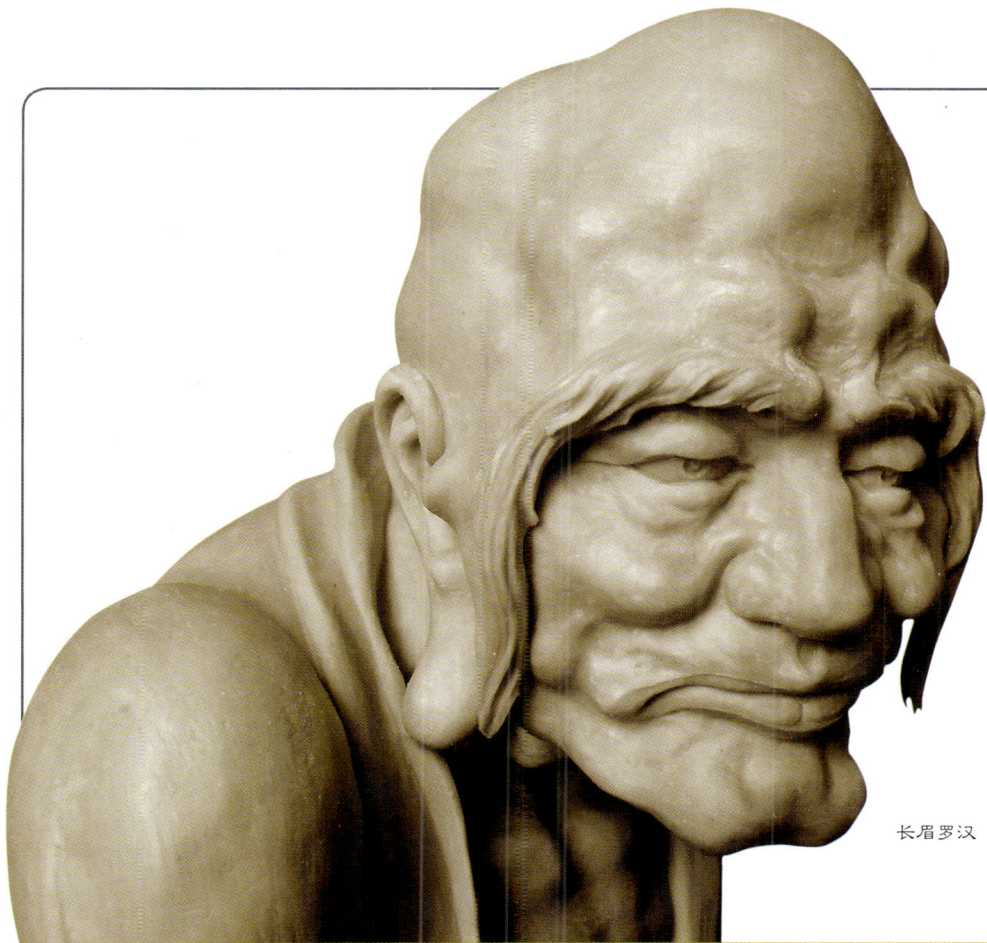

长眉罗汉　陶海峰

● 编著：

徐华铠

● 摄影及照片提供者：

徐华铠	徐积锋	林格峰
俞赛炜	郭利群	陶海峰
操军元	王清梅	黄榕国
刘慎辉	吴建新	俞沛望
徐　艳		

此中别有一方天

——为华铠君的"中国传统题材造型"系列丛书作序

工艺家、鉴评家徐华铠，才足兼通，流可归杂，然述而有作，自具器识，染指文墨，每有异响。尤在工艺美术领域，其对作品的推介及史论的研索更有建树，迄已成书六十余部，行文百数万言，可谓书香盈门，硕果满枝。

艺文之果，声希踪远，其于民族艺术之激扬自有催化之力，于工艺史论的研究更有奠基之功。华铠君其自出道始即耽缅于民族艺术之汪洋，耒耕于传

静坐罗汉　苏州重元寺

伏虎罗汉　金煜平

统文化之沃土，于故纸堆里淘金，从瓦砾丛中拾珠，孜孜兀兀，心无旁骛，寒暑数历、春秋几度，纵茧缚其无悔，开花甲而依然。就凭这股子精神，前路自必成蹊矣。

徐华铛著书，自有面向，自有所持，自有风致。为致实用计，他坚持图文并茂甚而以图为主，附图务期精，务期多，所选图例既有传世之古物，公认之佳作，更有见所未见搜罗于乡野坊间的遗珠。图又分真赝，真者即影像件，赝者即摹写本，前者之优，真切如在；后者之胜，洗练明确。行文方面，他坚持以浅显的语言，述说梗概，阐发深义，既有渊源的追溯，又有理论的扶持。正是这种坚持，他的著作可视可读，宜赏致用，颇得读者缘。

我与徐华铛是师生更是朋友，20 世纪 80 年代初他在浙江美术学院（现为中国美术学院）修习时，我是他的老师，续后交往依然绵密。尔来几近三十年矣，他已开甲，我逾古稀，故人间之交往自应归于友道了。华铛君是在从事工艺美术创作与研究中胜出的，仙在入读美术学院之前早有文名，而著书则在稍后。先是兴之所致编写一些小集子，其中亦有与同好合作写成的。获得好评之后则更一发不可收。他素有寻根溯源的兴味，更有敷演于文字的冲动，加之他的勤勉与毅力，终于勃发不竭，蔚成大观。乃尔赞之以诗曰：

破读天书意近狂，　文山墨海任苍茫。
勤诚不废神人佑，　茅舍荆篱出凤凰。

抟泥磨石溯渊源，　长夜孤灯批旧篇。
沙里淘金岂论价，　此中别有一方天。

傅维安
2011 年 6 月于中国美术学院

（傅维安：系中国著名动物雕塑家、中国美术学院教授）

目 录

笑狮罗汉　刘泽棉等

中国传统题材造型 **罗汉②**

二、从枯木内复活的十八罗汉⋯⋯⋯36

1. 枯樟木雕罗汉⋯⋯⋯⋯⋯⋯⋯36

过江罗汉　上海奇木雕刻艺苑

2. 古沉木雕罗汉⋯⋯⋯⋯⋯⋯⋯51

芭蕉尊者　吴友冠

中国传统题材造型 **罗汉**②

四、陶海峰创作的罗汉头部造型···114

后记：一次质与量的全新升华······120

四海为家　卢思立

卷首语

——为十八罗汉写照

骑鹿罗汉	佛典在胸傲富贵，骑鹿讲经响春雷。
喜庆罗汉	五千岁月梦无边，探究喜庆念飞天。
举钵罗汉	化缘恋上征途尘，举钵敬佛诉真诚。
托塔罗汉	手托宝塔心悬灯，劈开寒夜追逐晨。
静坐罗汉	弃刀皈佛明是非，思接千载通万里。
过江罗汉	踏浪千顷播佛经，普施法雨渡众生。
骑象罗汉	骑象诵经慧四方，耐劳致远亮佛光。
笑狮罗汉	立地成佛境界新，天地处处涌真情。
开心罗汉	心中有佛明如镜，殷殷丹心照汗青。
探手罗汉	青灯黄卷年复年，探手吐气涌甘泉。
沉思罗汉	沉思遐想走苍穹，超凡脱俗沐春风。
挖耳罗汉	六根清净耳最灵，大千世界享清平。
布袋罗汉	除毒惠民不杀生，乾坤布袋写青春。
芭蕉罗汉	潇潇夜雨润心声，芭蕉树下读佛经。
长眉罗汉	春花秋霜诵佛章，修得长眉知沧桑。
看门罗汉	道行高深须忌冷，杖铃如春轻叩门。
降龙罗汉	灵珠圣钵法无穷，为民除凶降恶龙。
伏虎罗汉	播种真情大爱现，营造宇宙艳阳天。

一、在殿堂上端坐的十八罗汉

罗汉形象在中国佛教造像中非常普遍，在一般寺院中均能看到。他们有的端坐在大雄宝殿内主佛的两旁，有的活跃在专门的"罗汉堂"内。在这中间，出现了不少罗汉的成功造像，如江苏吴县东山紫金庵内的罗汉、山东长清县灵岩寺内的罗汉、杭州灵隐寺罗汉堂内的罗汉、苏州重元寺内的罗汉、山西隰县小西天彩塑罗汉、山西平遥双林寺内的罗汉等。这里我们向大家介绍的是苏州重元寺的罗汉造像。

苏州重元寺位于苏州工业园区唯亭镇阳澄湖畔，这是一座具有1500多年历史的古寺。寺内大雄宝殿内的十八罗汉是现在重新塑造的。罗汉每尊高约2.5米，造型比例适度，面部表情传神，有假寐、沉思、微笑等各种姿态，细致精微。这套罗汉的上色用的是"古彩"，即整套罗汉的色泽统一在古雅的工笔重彩中。罗汉的衣服图案描绘得十分精致，质感明显，宛如丝织锦绣。衣纹的边线用金边装饰，在古雅中折射出几分豪华。为突出罗汉的金身，创制者在罗汉的肤色上也涂刷金色，使罗汉凭添几分神威。人们置身其中，会感到罗汉们在向你叙说佛教中的种种故事。如："讲经罗汉"，头型丰满，五官端正，右腿搭在左腿上，左手放在右脚上，右手作着手势，娓娓道来，向人们讲述着佛经的真谛。他那温文尔雅、清秀潇洒的气韵，表明他是佛学高深的学者。"沉思罗汉"，神态自若，安详端庄，脸部隽雅，双眼显露出智慧的光芒。双手叠放在胸前，头部正视，似在沉思，给人一种意境高远的感觉。"喜庆罗汉"，正襟端坐，他右手拿仙帚，左手托经卷，头部微仰，喜笑颜开，似乎感悟到喜庆的最高境界，向人们送来阵阵春风。"伏虎罗汉"是一位中年壮汉，他剑眉高耸，眼似铜铃，赤裸着扎肉壮实的臂膀和胸脯，举起乾坤圈，将一只斑斓猛虎驯服得像一只小猫，显示出罗汉的无边法力。

苏州重元寺十八罗汉之一

苏州重元寺十八罗汉之二

骑鹿罗汉　苏州重元寺

喜庆罗汉　苏州重元寺

喜庆罗汉（局部）

静坐罗汉　苏州重元寺

挖耳罗汉　苏州重元寺

芭蕉罗汉　苏州重元寺

托塔罗汉　苏州重元寺

讲经罗汉　苏州重元寺

执法罗汉　苏州重元寺

金刚罗汉　苏州重元寺

举钵罗汉　苏州重元寺

于心罗汉　苏州重元寺

23

骑象罗汉　苏州重元寺

沉思罗汉　苏州重元寺

长眉罗汉　苏州重元寺

读经罗汉　苏州重元寺

降龙罗汉 苏州重元寺

看门罗汉 苏州重元寺

伏虎罗汉　苏州重元寺

举钵罗汉　宁波宏拓

长眉罗汉　宁波宏拓

讲经罗汉　宁波宏拓

罗汉虽然已获得阿罗汉果的果位，但其本是芸芸众生，现众生相，故其神态依然留有凡间的痕迹。在塑造罗汉形象时，应该表现人间的喜怒哀乐，使其具有群众性和现实性，这对笃信佛教的善男信女们更有吸引力。宁波宏拓推出的古彩十八罗汉便是这方面的杰作。

静坐罗汉　宁波宏拓

托塔罗汉　宁波宏拓

骑象罗汉　宁波宏拓

开心罗汉　宁波宏拓

扬臂罗汉　宁波宏拓

探手罗汉　宁波宏拓

喜庆罗汉　宁波宏拓

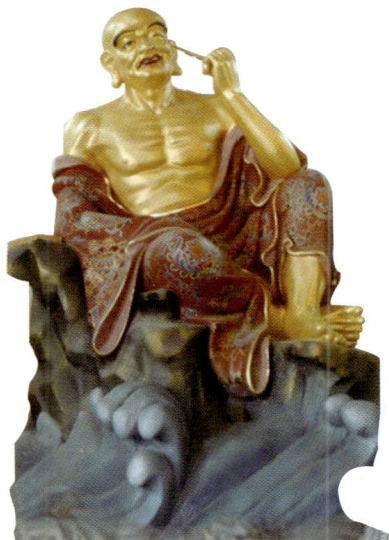

挖耳罗汉　宁波宏拓

沉思罗汉　宁波宏拓

过江罗汉　宁波宏拓

布袋罗汉　宁波宏拓

笑狮罗汉　宁波宏拓

降龙罗汉　宁波宏拓

伏虎罗汉　宁波宏拓

骑麂罗汉　宁波宏拓

二、从枯木内复活的十八罗汉

"化腐朽为神奇"，是枯木艺术的灵魂。这里指的枯木是那些经岁月沧桑后的残破根木材料，自然界中那些颓败的枯木残根、柴料废材，在自然或人为的摧残中，其局部或表皮遭到病虫害的侵蚀，雷打电劈的磨砺及天然的腐朽，形成了嶙峋、褶皱、疤眼、洞穴、空透的奇特残缺，这些人力难及的外形，往往蕴藏着深不可测的玄机，是作品成功的一个良好基础。枯木雕刻艺术家们，以高超的造型技艺，让枯根发出笑声，让朽木传出禅音，让枯木复活十八罗汉的神和形。

1. 枯樟木雕罗汉

樟树是樟科常绿大乔木，别名香樟、木樟、乌樟，高可达50米，树龄可达千年，为我国优秀的园林绿化林木。樟树具有樟脑般的清香，可驱虫，而且永远不会消失。叶互生，树干有明显的纵向龟裂，极容易辨认。据说因为樟树木材上有许多纹路，像是大有文章的意思。所以就在"章"字旁加一个木字作为树名。樟树的木材耐腐、防虫、致密、有香气，是雕刻的好材料。

周洪洋创作、上海奇木雕刻艺苑收藏的"十八罗汉"，其创作的材料就来自一棵上千年的枯樟木。在岁月的风烟中，木质内的脂肪、糖类等都被腐蚀得干干净净，有的只剩下外壳，然而，这残留的材质却变得更为刚劲，更为坚硬，显示出古朴凝重、桀骜不驯的质感，从而使这套罗汉形象非同凡响，令你过目不忘。

骑鹿罗汉　上海奇木雕刻艺苑

在创制时，周洪洋运用夸张变形的艺术手法，再现了十八尊罗汉的风采。有的罗汉压缩躯体，以求力度；有的罗汉伸长躯体，求其美姿；有的罗汉加胖人物的脸颊躯体，求其丰满。这些充满着神气、灵气和情趣的罗汉，让抽象与具象、粗犷与细巧、神似与形似同时出现，显示出一种气势和活力，不仅受到专业工作者的喜爱，同时也受到大众的称赞。

喜庆罗汉　上海奇木雕刻艺苑

举钵罗汉　上海奇木雕刻艺苑

托塔罗汉　上海奇木雕刻艺苑

骑象罗汉（局部）

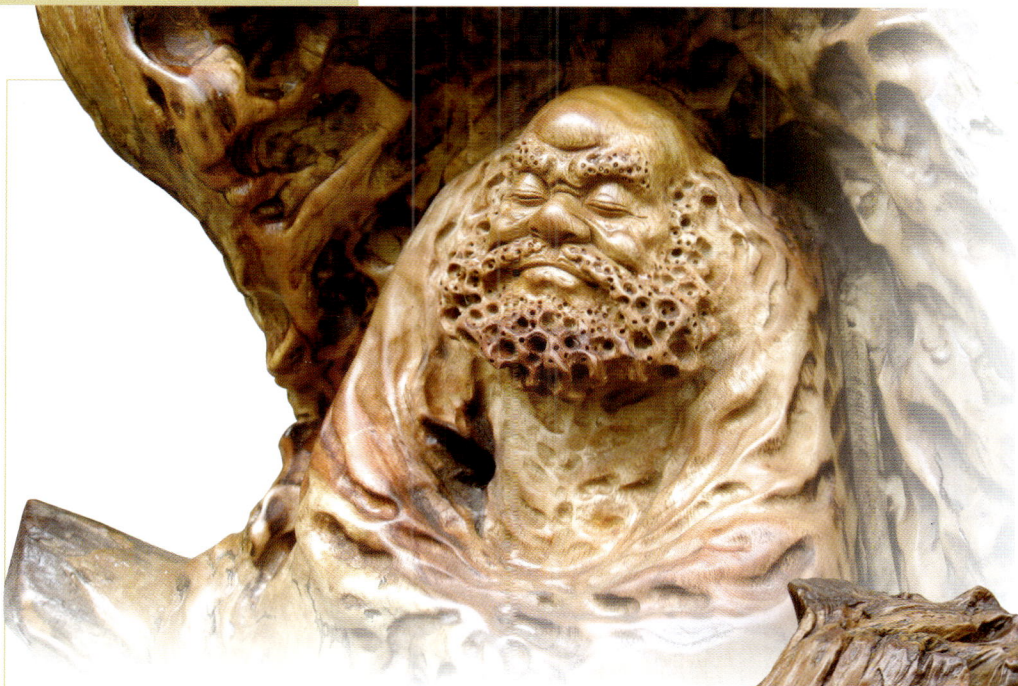

静坐罗汉　上海奇木雕刻艺苑

骑象罗汉　上海奇木雕刻艺苑

过江罗汉　上海奇木雕刻艺苑

笑狮罗汉　上海奇木雕刻艺苑

开心罗汉　上海奇木雕刻艺苑

芭蕉罗汉（局部）

探手罗汉　上海奇木雕刻艺苑

芭蕉罗汉　上海奇木雕刻艺苑

沉思罗汉　上海奇木雕刻艺苑

挖耳罗汉　上海奇木雕刻艺苑

布袋罗汉　上海奇木雕刻艺苑

挖耳罗汉（局部）

长眉罗汉　上海奇木雕刻艺苑

看门罗汉　上海奇木雕刻艺苑

降龙罗汉　上海奇木雕刻艺苑

伏虎罗汉　上海奇木雕刻艺苑

2. 古沉木雕罗汉

"沉久身似铁，压重品超凡，一朝见天日，丽质惊人寰。"这是一首描述古沉木的诗。古沉木又称"阴沉木"、"炭化木"、"化石木"、"乌木"等，是数千年甚至上万年前深埋在江河湖泊底层的枯木残根。

这些枯木残根，在水底泥沙中浸泡和磨压，显示出岁月的沧桑，形成了古朴凝重、铜打铁铸般的效果。古沉木出土时的色泽亦各不相同，有棕色、灰色、紫色、黑色，也有外红内黑或是黑皮黄心的，其中以黑中透红的古沉木最为珍贵。时间长的古沉木，则明显"炭化"，显现出煤样的黑色，真是奇谲而神妙。更令人称道的是它们不变形、分量重、密度强，好的古沉木，可与紫檀木媲美，堪称树中之精，木中之魂。

古沉木雕是一种将传统木雕的精细与根雕的空灵巧妙地结合在一起的艺术，它既有传统木雕的造型技艺，又有根雕注重材质美感的天趣。因此，艺人们操刀时往往用"巧雕"的形式。所谓巧雕就是重材质，现神韵，因材施艺，在动刀时尽量保留原材料上的纹理规律，形状特征，使形态和肌理动静相映，粗细结合，虚实互化，浑然一体，把天然材质的奇谲美感与人工的精湛刀艺有机地结合起来，以求天趣与人意的和谐统一。

古沉木的色泽大多近似于黑色，用这种色调雕就的作品深沉厚重，具有高古的气韵和深奥的精神内涵，很适宜罗汉形象的创作。在这个章节里。我们推出了浙江、福建、海南、广西等地的古沉木雕艺术家创作的罗汉作品，供大家细细品赏。

观天罗汉 刘小平 吴银财

过江罗汉 刘小平 吴银财

清净罗汉 刘小平 吴银财

怀旧罗汉 刘小平 吴银财

长眉罗汉 刘小平 吴银财

说法罗汉 刘小平 吴银财

礼宾罗汉 刘小平 吴银财

喜庆罗汉 刘小平 吴银财

沉思罗汉　刘小平　吴银财

辩理罗汉　刘小平　吴银财

调解罗汉　刘小平　吴银财

笑口罗汉　刘小平　吴银财

布袋罗汉　刘小平　吴银财

听音罗汉　刘小平　吴银财

点拨罗汉　刘小平　吴银财

慈悲罗汉　刘小平　吴银财

扬臂罗汉　刘小平　吴银财

开悟罗汉　刘小平　吴银财

托塔尊者　吴友冠

芭蕉尊者（局部）

举钵尊者　吴友冠

芭蕉尊者　吴友冠

布袋尊者　吴友冠

静坐罗汉　俞赛炜

挖耳尊者　吴友冠

举杖罗汉　俞赛炜

长眉罗汉求佛　詹明勇作　孙建国藏

骑象罗汉（局部）

降龙罗汉　古林木风 俞肖锋

骑象罗汉　小俞

笑狮罗汉与喜庆罗汉　福建明奕根雕

长臂罗汉与骑象罗汉　福建明奕根雕

论 道　福建明奕根雕

长眉引福　林富昌

执法罗汉　海南荣胜工艺有限公司

过江罗汉　海南荣胜工艺有限公司

布袋罗汉　吴友冠

沉思罗汉　海南荣胜工艺有限公司

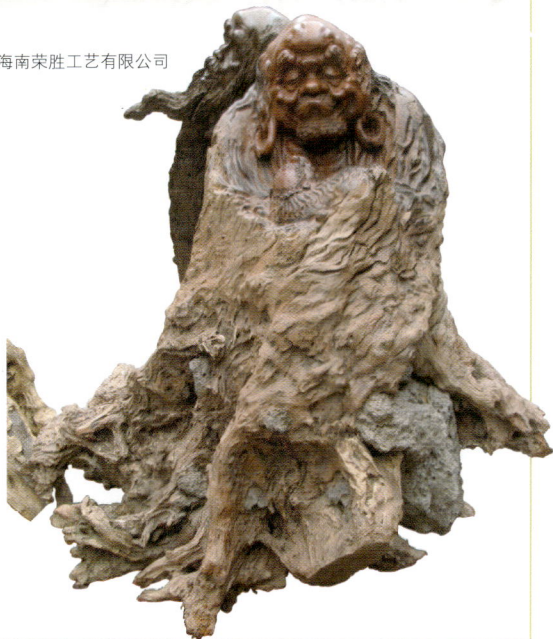

说法罗汉　海南荣胜工艺有限公司

捻珠罗汉　佚名

讲经罗汉　海南荣胜工艺有限公司

呐喊罗汉　海南荣胜工艺有限公司

3. 瘤雕罗汉

树瘤是树木受伤后，细胞繁殖形成的一种自我愈伤保护。

树瘤的成因有多种，一般可分为外力损伤型与细菌侵蚀型。外力损伤型就是树木受到物理性损伤后，由于筛管的断裂造成局部营养过剩，导致无序性细胞分裂，形成瘤状组织。而细菌侵蚀型是病虫害引起的损伤，如天牛的蛀食使筛管破坏，也会引发瘤状。

一般普通木材长出几颗局部的瘤并不足为奇，倘若整株树都长成空心，全部营养集中到树瘤上，使树瘤越长越大，这种树瘤内部的纤维组织产生了变化，形成各种不同的美丽的花纹，这样的瘤就显得珍贵了，我们将其称为"瘿木"。瘿木的品种有很多，常见的有桦木瘿、枫木瘿、柏木瘿、花梨瘿等，其中以花梨瘿最为名贵，颜色暗红，纹路绚丽，质地细腻油润。有些传世的古典红木家具的面板就是用瘿木制作的。瘿木纹理华美，不易变形且十分稀有，因此是一种非常名贵的装饰用材。工艺美术师黄科达用树瘤创作了十八罗汉的形象，令人叹为观止。

举钵罗汉　黄科达

中国传统题材造型 **罗汉** ②

骑象罗汉　黄科达

骑鹿罗汉　黄科达

喜庆罗汉　黄科达

托塔罗汉　黄科达

静坐罗汉　黄科达

呐喊罗汉　黄科达

过江罗汉　黄科达

开心罗汉　黄科达

探手罗汉　黄科达

沉思罗汉　黄科达

探手罗汉（局部）

挖耳罗汉　黄科达

长眉罗汉　黄科达

布袋罗汉　黄科达

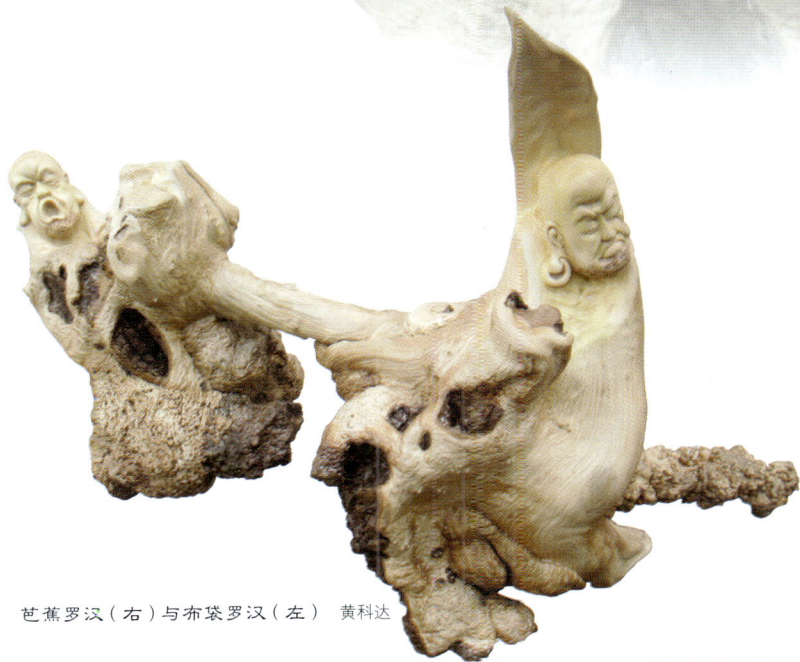

芭蕉罗汉（右）与布袋罗汉（左）　黄科达

伏虎罗汉　黄科达

看门罗汉　黄科达

降龙罗汉　黄科达

斩妖罗汉　王林宝

看门罗汉　吴孔德

登场入道　祝　青

如意罗汉　陈新村

集 会　天艺堂何秦

出 行　邱日炎

议事之一　张其仕

议事之二　张其仕

议事之三　张其仕

议事之四　张其仕

4. 根雕罗汉

在罗汉形象的塑造上，历来存在着两种不同的主张。大多数人认为，罗汉是佛的弟子，要强调高僧那种特有的精神气质，突出其宗教氛围。也有人认为，"罗汉形象，各人各样，挖耳探手，骑狮骑象，衣衫不整，行动乖张，形容古怪，不守规章"，作为佛像造型中的一个艺术门类，均是可以塑造的。

五代时期画家贯休（称"禅目大师"）创作的"十六罗汉"，为了表现罗汉的神貌，他有意将罗汉的外貌画得很丑陋，大多是庞眉大目，朵颐隆鼻，古怪若夷的"胡貌梵相"之态，以外表的"丑"来衬托罗汉美好的内心世界。因此，他创作的罗汉具有浪漫主义的表现手法。深受后世推崇，影响深远。

明代画家吴彬的《五百罗汉图卷》更为奇特。他在长达253厘米的长卷中创造的五百罗汉具有创新精神，罗汉形象无一雷同，或喜颜，或怒容，或凝神，或酣睡，或肥头，或鼠目，千人千面，形状奇异，在这里，以往画中常见的那种儒雅洒脱的名士气度和慈眉善目的仙风鹤骨，都被一个个五官受到极度夸张扭曲的形象所取代。这种扭曲的形象绝非一般意义上的丑陋，而是一种化腐朽为神奇的魔力，把人们引入一种超凡脱俗的境界，因此，后世评价颇高。

根雕，既是一门化腐朽为神奇的艺术，又是一门充满活力的艺术。它把大自然赐予的奇巧根材给予局部雕刻加工，使局部的人工雕刻和本身的自然根材得到巧妙而有机的结合，用这种造型来表现罗汉，特别是表现那些看似"衣衫不整，行动乖张，形容古怪，不守规章"的罗汉形象，正恰到好处。

扬臂罗汉 郑剑夫

长眉罗汉　刘小平

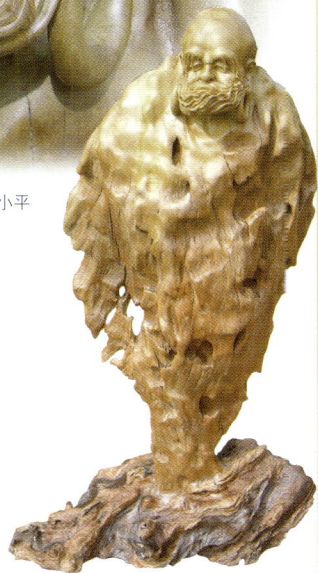

扬臂罗汉（局部）

罗汉兄弟 佚名

醉入深处　杨荣龙

喜庆罗汉　木友堂

举钵罗汉　木友堂

戏狮罗汉　品根斋

看门罗汉　吴孔德

讲经罗汉 吴孔德

看门罗汉（局部）

苦行罗汉 储宗梁

过江罗汉 金秋作 木友堂藏

说法罗汉 金秋作 木友堂藏

罗汉论道　金宁魁

长眉兄弟　林戌阳

路见不平　刘小平

苦 行 林公升

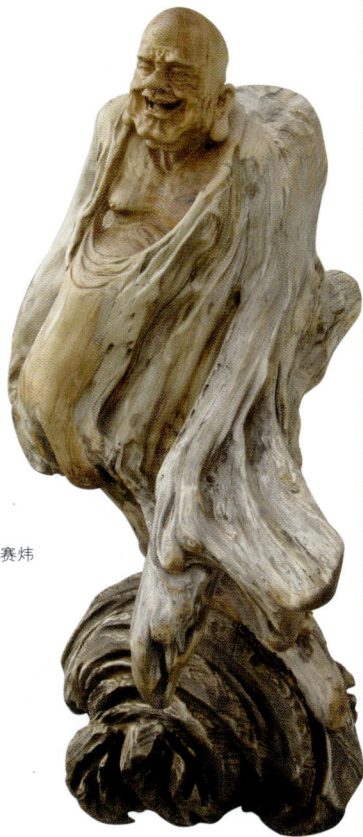

化缘途中 俞赛炜

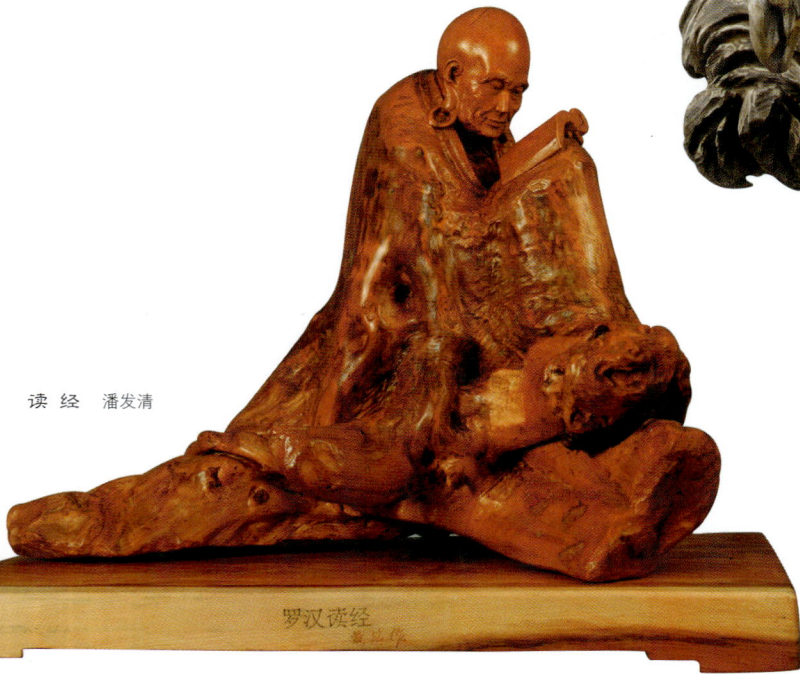

读 经 潘发清

罗汉比寿 陈雨良 林碧霞

抓 痒 潘发清

修 行 潘发清

三、从石湾陶瓷走出的十八罗汉

随着工艺美术行业的兴起，罗汉的新形象频频出现，为传统的佛教造像吹进了一股清新的风。工艺美术师们从传统的造像艺术中吸取营养后，大胆地走出了千篇一律的庙堂式偶像的窠臼，在符合宗教规范的前提下，创作了一批具有一定艺术价值的罗汉形象，令人耳目一新。

广东石湾陶瓷"十八罗汉"便是出类拔萃的精作，十八尊罗汉既能各自独立，又能组合成一组高低参差、互有联系的群像。创作者是中国工艺美术大师刘泽棉和他的弟子，艺人们在继承工整写实的基础上，运用了浪漫夸张的艺术手法，使十八罗汉神态生动，各具特征：降龙罗汉的威猛勇健，沉思罗汉的恬静安详，笑狮罗汉的嬉戏诙谐，开心罗汉的由衷欢畅……都得到一一再现。

1. 看门罗汉

"看门罗汉"是世俗的称呼，佛教名称为"注荼半托迦尊者"。该罗汉是佛祖释迦牟尼弟子之一，和探手罗汉是两兄弟。他化缘时常用拳头拍打布施者的屋门，有一次因人家的房子腐朽，他不慎把它打烂，结果道歉认错。佛祖感到这种化缘法不够礼貌，便赐给他一根锡杖，叫其摇动锡杖发出的声音来促使布施者开门布施，世人便称其为"看门罗汉"。这锡杖后来便成了和尚的禅杖。

道行高深须忌冷　杖铃如春轻叩门

看门罗汉显得高大挺拔，身躯微侧，右手握着禅杖，左手往下伸展，头部仰起，眼睛上瞟，脚穿皮靴的左腿前跨，宛如戏曲舞台上的一个亮相：气宇轩昂，威武彪悍。

看门罗汉　刘泽棉等

骑鹿罗汉　刘泽棉等

2. 骑鹿罗汉

　　"骑鹿罗汉"是世俗的称呼，佛教名称为"宾头卢波罗堕阁尊者"。"宾头卢"是印度十八姓中之一，是婆罗门的望族，"波罗堕阁"是名。该罗汉原为古印度拘舍弥城优陀延王宰相之子，后信奉佛教出家。波罗堕阁道行很深，神通广大，故佛祖指定他去接引、辅佐未来佛弥勒，并列为"四大罗汉"之一。由于他化缘有方，故中国禅林食堂常供奉他的塑像。他对佛教极为虔诚，曾骑鹿回到拘舍弥城王宫，劝导国王出家，并获得了成功。

作短暂的休息，他脸上欣慰的神情和自信的目光告诉我们，佛的理念是神圣的，他已说服拘舍弥城的国王，皈依佛门。

佛典在胸傲富贵　　骑鹿讲经响春雷

　　石湾陶瓷中的骑鹿罗汉正安详地搁腿骑坐在神鹿背上

布袋罗汉　刘泽棉等

3. 布袋罗汉

"布袋罗汉"是世俗的称呼，佛教名称为"因揭陀尊者"。他原是古印度的捕蛇者，捉住毒蛇后便拔掉毒牙将其放生，以免行人被蛇咬后中毒。由于他常携带一个布袋，故世人称其为"布袋罗汉"。不过，他与我国汉地寺院天王殿中的布袋和尚（名契此，世人尊称为弥勒佛）有本质上的区别。

除毒惠民不杀生　　乾坤布袋写青春

布袋罗汉虽不是中国的布袋弥勒契此，但这个造型却有他的影子，大肚袒胸，开口含笑，手携布袋，正朝我们款款走来。他走得那样的自信，又是那样的从容，宛如吹来一阵春风。

托塔罗汉　刘泽棉等

4. 托塔罗汉

　　"托塔罗汉"是世俗的称呼，佛教名称为"苏频陀尊者"。出生于舍卫城一位长者家里，仪态端庄，聪慧过人，对佛的追求执着，年纪虽小，但修行却超过师兄。佛教中的塔，是藏佛舍利的建筑，因此，塔也成为佛的象征。苏频陀是佛祖最后一名弟子，他为了纪念师傅，故手中时时托着一尊宝塔，作为佛祖常在之意。

手托宝塔心悬灯　劈开寒夜追逐晨

　　托塔罗汉是一位身材魁伟的汉子，浓浓的剑眉下是一双炯炯有神的眼睛，他张开大嘴，威而不怒，给人一股慑人的气势。他手中托着一尊七级佛塔，犹如一盏照耀前程的明灯，感召人们驱走漫漫长夜的黑暗，去追求前方的黎明。

中国传统题材造型　罗汉②

5. 笑狮罗汉

"笑狮罗汉"是世俗的称呼，佛教名称为"阀阇罗弗多罗尊者"。 该罗汉原为古印度一狩猎者，身体魁梧健壮，仪容庄严凛然。出家后放下屠刀，专心修行得罗汉正果。虽然他有如此神通，但勤修如故，常常静坐终日，端然不动。而且能言善辩，博闻强记，通晓经书，能畅说妙法 ；但他难得开口，往往终日不语。他的

笑狮罗汉（局部）

师兄弟阿难诧异地问他："尊者，你为何不畅说妙法呢 ？"尊者答到："话说多了，不一定受人欢迎；尽管你句句值千金，却往往会令人反感。我在寂静中可得法乐，希望大家也能如此。"

两只小狮子感激他戒了杀生，特跑到他身边。此后，他便笑呵呵地将小狮子带在身边。

立地成佛境界新　　天地处处涌真情

立地成佛的笑狮罗汉与小狮子成了朋友，面对活泼可爱的小狮子，粗眉大眼、胡子满腮的罗汉脸上竟漾出了柔情，用手笑指狮子，示意狮子一起玩耍。富有灵性的小狮摇头摆尾地扑在罗汉的小腿上，寻求着他的爱抚，一股自然和谐的春风迎面扑来。

笑狮罗汉　刘泽棉等

过江罗汉　刘泽棉等

6. 过江罗汉

　　"过江罗汉"是世俗的称呼，佛教名称为"跋陀罗尊者"。跋陀罗三字，意译是贤，但这位罗汉取名跋陀罗，是另有原因。原来印度有一种稀有的树木，名叫跋陀罗。他的母亲怀孕临盆，是在跋陀罗树下产下他的，因此就为他取名跋陀罗，并将他送去寺门出家，主管浴事。修成正果后，曾乘船去东印度群岛传播佛教，故世人称其为"过江罗汉"。

踏浪千顷播佛经　　普施法雨渡众生

　　披上避风挡雨的厚重袈裟，担起觉悟众生的经卷，过江罗汉正行进在前往东印度群岛的途中。浓眉大眼闪烁着睿智的光芒，坚定的步履走出对佛的忠诚。

7. 举钵罗汉

"举钵罗汉"是世俗的称呼，佛教名称为"迦诺迦跋厘堕阇尊者"。他原是化缘和尚，是一个感情易于冲动的人，性子急躁，在化缘时往往举起铁钵向人求乞，修成罗汉后，仍改不了这个习惯，故世人称其为"举钵罗汉"。其实他是一位慈悲、平等、托钵化缘的行者，并为百姓讲说佛法，以身教、言教度化众生。

化缘恋上征途尘　　举钵敬佛诉真诚

举钵罗汉正值壮年，他兴高采烈地抬起左腿，举起双手，向施主虔诚地化缘。也许是那一身含辛茹苦的征途尘袍感动了施主，故以丰厚的食物，酬谢他对佛的真诚。

举钵罗汉　刘泽棉等

8. 长眉罗汉

"长眉罗汉"是世俗的称呼，佛教名称为"阿氏多尊者"。出生时长着两条长长的白色眉毛，这成了他生理上的一大特征，故修成罗汉后，世人便称其为"长眉罗汉"。

春花秋霜诵佛章　　修得长眉知沧桑

长眉罗汉是一位慈祥的得道高僧，他右手拄着拐杖，左手支撑着身体，倚坐在岩石上。头部微微仰起，注视着前方高处，时刻关注民间的疾苦。两条洁白的长眉毛顺势垂下，记录着他走过的如歌岁月。

长眉罗汉　刘泽棉等

沉思罗汉　刘泽棉等

9. 沉思罗汉

"沉思罗汉"是世俗的称呼，佛教名称为"罗怙罗尊者"。罗怙罗是印度一种星宿的名字。古印度认为日食月障是由一颗能蔽日月的星所造成。这位罗汉是在月食之时出世，故取名罗怙罗。他是佛祖释迦牟尼在作太子时唯一的亲生儿子，后随父出家，相传他刚出家时调皮顽劣，后来受到父亲的严厉责备，才改过自新，最后获罗汉正果，并成为佛祖十大弟子之一。由于他是在沉思中觉悟，在沉思中悟道一切超凡脱俗，从顽道上修成正果，故世人称其为"沉思罗汉"。

沉思遐想走苍穹　　超凡脱俗沐春风

沉思罗汉的造型呈安逸坐姿，一腿抬起，一腿弯曲，右手靠腿，左手撑地，在安祥随和的风姿中显得文静而儒雅。在沉思中遐想，在超凡中脱俗，沉思罗汉洋溢着一股浓浓的书卷气。

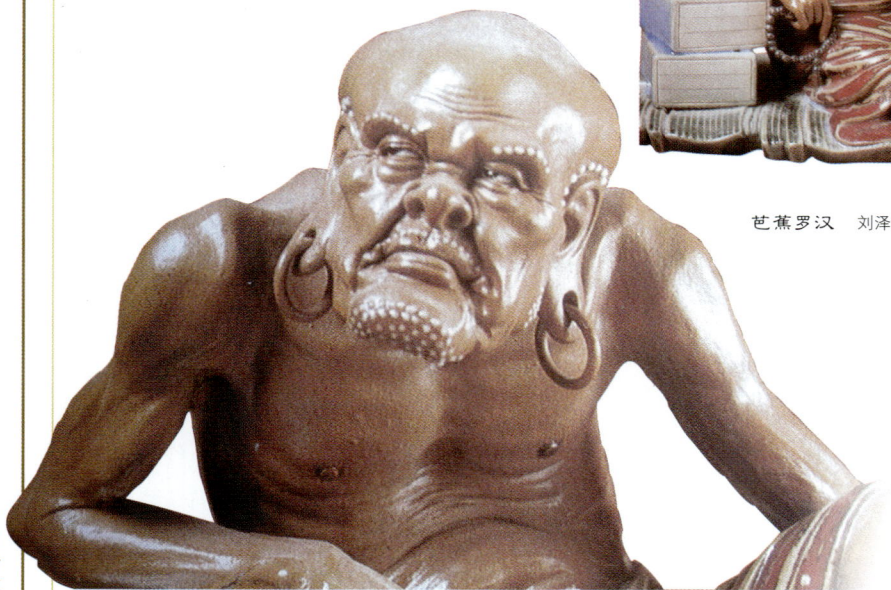

芭蕉罗汉　刘泽棉等

10. 芭蕉罗汉

　　"芭蕉罗汉"是世俗的称呼，佛教名称为"伐那婆斯尊者"。伐那婆斯梵文为"雨"的意思。相传他出生时，雨下得正大，后院中的芭蕉树正被大雨打得沙沙作响，他的父亲因此为他取名为雨。　从此，他对芭蕉产生了一定的感情，出家后常在芭蕉树下修行用功，故世人称其为"芭蕉罗汉"。

潇潇夜雨润心声　　芭蕉树下读佛经

　　芭蕉罗汉裸着上身，卷起裤腿，呈安逸坐姿。他右手拿着佛珠，倚靠厚厚的经书；左手依势搭在弓起的左腿上，随意而自然。淡淡的白眉毛下面是一双闪着智慧的眼睛；下伸的下巴上紧抿着呈八字形的双唇，他似乎在倾听雨打芭蕉的声音，回味着进入空门的历程。

11. 探手罗汉

"探手罗汉"是世俗的称呼，佛教名称为"半托迦尊者"。其母为富家长女，与家奴私通，被人发觉，逃亡外地时在路边生下了他。后出家修成正果。由于他打坐时常用半跏坐法，此法是将一腿架于另一腿上，即单盘膝法，打坐完毕即将双手举起，长吐一口气。

青灯黄卷年复年　　探手吐气涌甘泉

探手罗汉的造型呈对称式，他扬起手臂，左右平行向上伸展，头部微仰，双眼微闭，嘴巴张开，长长地吸进一口气，又徐徐地吐出来。在年复一年的青灯黄卷下，经过这么一伸展，顿时神醒意清，进入一种新的境界。

探手罗汉　刘泽棉等

12. 降龙罗汉

"降龙罗汉"是世俗的称呼，佛教名称为"庆友尊者"，即《大阿罗汉难提密多罗所说法住记》的作者。该书记载了16位罗汉的姓名和出处，使罗汉影响逐渐流传。古印度有个叫波旬的恶魔，煽动人拆寺毁庙，杀害僧人，劫掠佛经。龙王激于义愤，用洪水讨伐波旬，并将佛经藏于龙宫。后庆友降伏龙王，取回佛经，故世人称其为"降龙罗汉"。在《济公外传》中，又把济公说成是降龙罗汉转世的：降龙罗汉乃佛祖座下弟子，法力无边，助佛祖降龙伏妖，立下不少奇功。降龙罗汉修炼几百年，却始终不能得成正果，求教观音，得知七世尘缘未了，便下凡成济公普渡众生，了结未了尘缘。

灵珠圣钵法无穷
为民除凶降恶龙

在降龙罗汉的造型中，罗汉托钵举珠，怒目呐喊，气势如虹。龙的造型虽狰狞凶猛，却被缩小了，慑于罗汉的威力而龟缩在洞口，从而衬托出罗汉的法力无边。

降龙罗汉　刘泽棉等

中国传统题材造型
罗汉②

喜庆罗汉　刘泽棉等

13. 喜庆罗汉

　　"喜庆罗汉"是世俗的称呼，佛教名称为"迦诺迦伐蹉尊者"。他是古印度"论师"之一，论师即善于谈论佛学的演说家及雄辩家。他原为古印度的一个富家公子，初听佛陀说法便倾心，修行专心，对"喜庆"有独到的见解，认为"由听觉、视觉、嗅觉、味觉和触觉而感到的快乐称为喜；由眼、耳、鼻、口、手而感觉到的快乐称为庆"，他在演说及辩论时，常带笑容，又因论喜庆而名闻遐迩，故名"喜庆罗汉"或"欢喜罗汉"。

五千岁月梦无边　　探究喜庆念飞天

　　喜庆罗汉躬着身躯，摊开双手，正满怀喜悦地朝我们走来。也许他正在演讲喜庆的话题，说到动情时高兴得手舞足蹈；也许他正回忆佛祖在宝殿讲经时，伎乐飞天凌空飞舞、奏乐撒花的祥瑞情景而忘我地欢欣跃动。

骑象罗汉　刘泽棉等

14. 骑象罗汉

　　"骑象罗汉"是世俗的称呼,佛教名称为"迦理迦尊者"。象的梵文名迦理,迦理迦即骑象人之意。象的威力大,能耐劳又能致远,是佛法的象征。迦理迦原为古印度的一位驯象师,后出家修成了罗汉正果。故世人称其为"骑象罗汉"。

骑象诵经慧四方　　耐劳致远亮佛光

　　骑象罗汉盘腿坐在象背上,手中拿着经卷,一边娓娓地讲解,一边把慈祥的目光射向听众。我们虽看不到听众,却感到罗汉的周围正聚集着一大群人在专心聆听。象的耐劳致远寓意罗汉传经的艰辛,象体的缩小反衬了罗汉的高大。

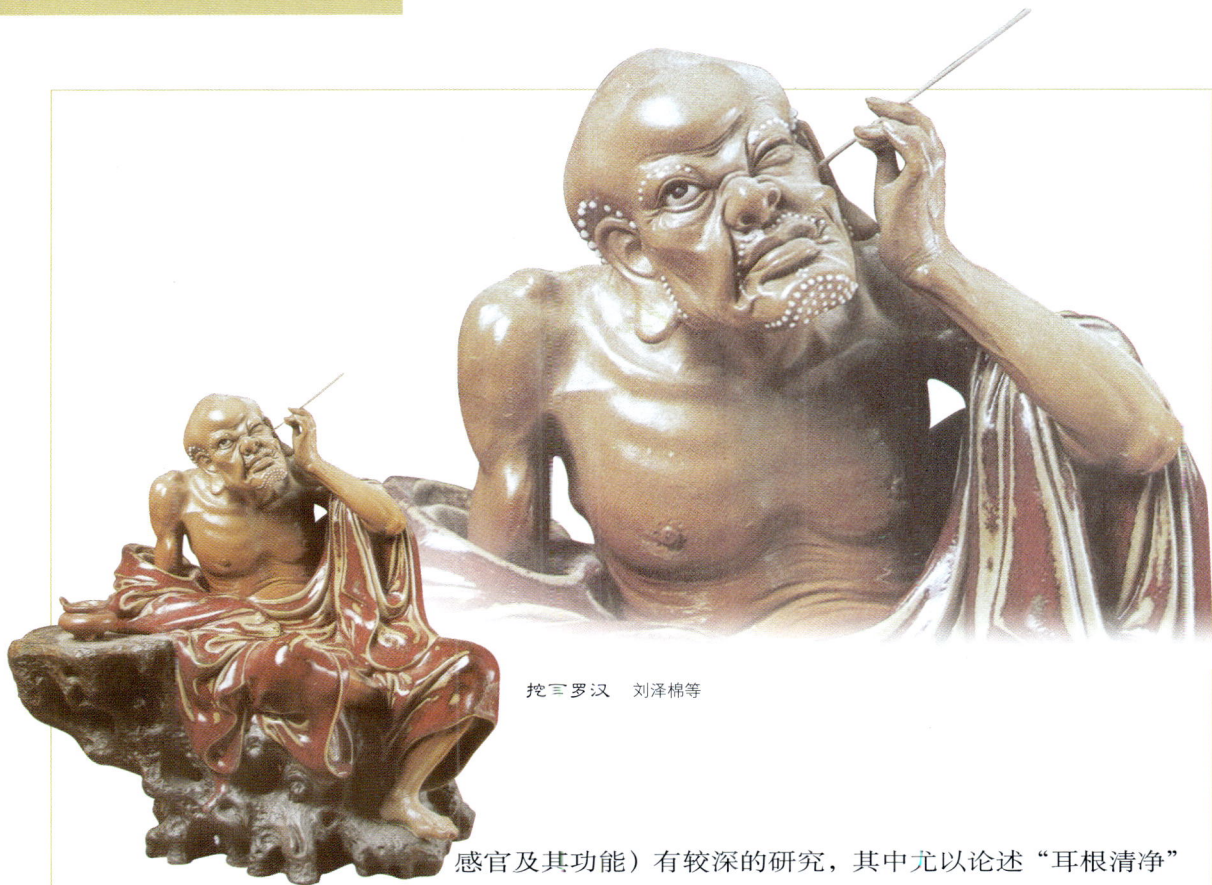

挖耳罗汉　刘泽棉等

15. 挖耳罗汉

　　"挖耳罗汉"是世俗的称呼，佛教名称为"那伽犀那尊者"。那迦译作"龙"，犀那译为"军"，那迦犀那即龙的军队的意思，比喻法力强大，犹如龙的军队。他是佛教中的理论家，对"六根"（即眼、耳、鼻、舌、身、意六种感官及其功能）有较深的研究，其中尤以论述"耳根清净"最为专长，所谓六根清净，耳根清净是其中之一。佛教中除不听各种淫邪声音之外，更不可听别人的秘密。因他论耳根最到家，故取挖耳之形，以示耳根清净。因此他的塑像或画像多作挖耳状，故世人称其为"挖耳罗汉"。

六根清净耳最灵　　大千世界享清平

　　陶瓷艺术家创作的挖耳罗汉别具一格，这位对"耳根清净"深有研究的佛学理论家正用耳勺轻轻地挖自己的耳朵，闲逸自得，怡神通窍。也许他正挖到爽心处，脸部表情传神而快意，一眼开，一眼闭，连嘴巴都爽得歪了，横生妙趣、意味盎然。尽管如此，而罗汉那种无边的法力却依然滚滚而来。

静坐罗汉　刘泽棉等

16. 静坐罗汉

　　"静坐罗汉"是世俗的称呼，佛教名称为"诺距罗尊者"。诺距罗译作大力士，这位罗汉是一位大力罗汉，　原为古印度一名勇猛的战士，体格魁伟。出家后，佛祖为收敛他那种拼杀性格，一直让他静坐。

弃刀皈佛明是非　　思接千载通万里

　　静坐罗汉双腿盘坐，双手捧钵，双眼下垂，双唇紧眠，正襟坐禅。他是那样的专注，又是那样的虔诚。庆幸自己走过战场的拼杀，终于进入般若的境地。

17. 开心罗汉

　　"开心罗汉"是世俗的称呼，佛教名称为"戍博迦尊者"。　原为中天兰国王之太子，国王立他为储君，他的弟弟因而作乱，他立即对弟弟说："你来做皇帝，我去出家。"他的弟弟不信，他说："我的心中只有佛，你不信，看看吧！"说也奇怪，他打开衣服，弟弟看见他的心中果然有一佛，因此才相信他，不再作乱。

心中有佛明如镜　　殷殷丹心照汗青

　　袒于胸襟，心中有佛，开心罗汉以坦荡的心境、真挚的神情消除了同胞兄弟的疑虑。罗汉趺坐在蒲团上，显得沉稳而持重。

开心罗汉　刘泽棉等

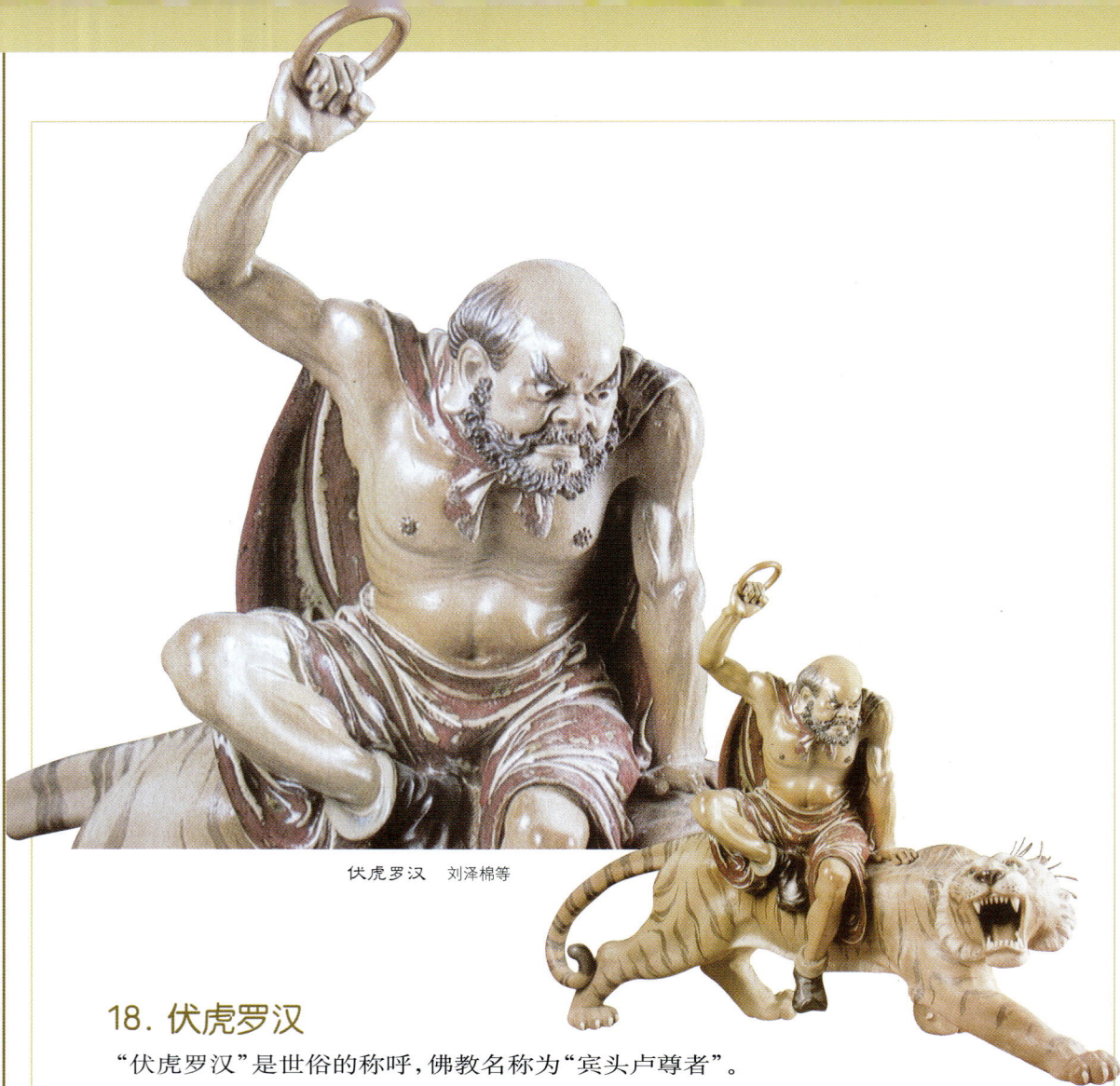

伏虎罗汉　刘泽棉等

18. 伏虎罗汉

　　"伏虎罗汉"是世俗的称呼，佛教名称为"宾头卢尊者"。他修行出家的寺门外常闻虎啸，认为这是猛虎饿了，便将自己的饭食分一半喂这只猛虎，久而久之，猛虎便被他驯服了，并常来寺院和他玩耍。故世人称其为"伏虎罗汉"。

播种真情大爱现　　营造宇宙艳阳天

　　伏虎罗汉选择了罗汉手举法圈，骑坐在虎背上的造型。雄健的猛虎伸出有力的四肢，张口发威。罗汉两眼喷火，左手揿虎背，右手举法圈，以绝对的优势制伏了猛虎。在两者的对比中，衬托了罗汉的神威。

沉思罗汉　刘泽棉

1981 年岁末，前述的这套石湾陶瓷十八罗汉在香港展出时好评如潮，大多香港报刊作了报道。笔者参与撰文的香港《华萃传统》以数版篇幅作了刊载。不久，这套石湾陶瓷十八罗汉被一位藏家以高价买走。此后，刘泽棉与他的弟子们又创作了十八罗汉的众多造型，现撷取几件，以飨大家。

坐禅罗汉　刘泽棉

岁月如歌　刘泽棉

静观罗汉　刘泽棉

持杖罗汉　刘泽棉

布袋罗汉　刘泽棉

长眉罗汉　刘泽棉

伏虎罗汉　刘泽棉

静坐罗汉　刘泽棉

笑看人生　刘泽棉

（坐鹿）罗汉头部造型之一

四、陶海峰创作的罗汉头部造型

陶海峰是一位功力颇深的造型艺术家。他从 2008 年初开始涉足罗汉形象的塑造，在一年中，虽然创作了不少罗汉的形象，但总不够满意，用他自己的话来说，就是"只有罗汉的表面形象，没能突破罗汉的魂"。2009 年他常焚香独坐，闭目冥想，寂然凝虑，让自己进入一种参禅的高妙之境。他从佛家修行入手，根据每尊罗汉的生平经历以及他们的特长，以悟取神，再发挥自我灵感，进行创作，使作品有了很大的起色。

在罗汉形象创作中，他认为脸部的神态刻画是至关重要的。为此，在 2010 年中，他专门为十八罗汉创作了头部的造型，每创作一件便写下自己的心得体会。因此，这些头部造型非同凡响。现撷取在这里，供大家细品。

罗汉头部造型之二

罗汉头部造型之三

（托塔）罗汉头部造型之四

（喜庆）罗汉头部造型之五

（看门）罗汉头部造型之六

（骑象）罗汉头部造型之七

（过江）罗汉头部造型之八

（举钵）罗汉头部造型之九

（笑狮）罗汉头部造型之十

（开心）罗汉头部造型之十一

（探手）罗汉头部造型之十二

（挖耳）罗汉头部造型之十三

（欢喜）罗汉头部造型之十四

（智真）罗汉头部造型之十五

（芭蕉）罗汉头部造型之十六

（长眉）罗汉头部造型之十七

（静悟）罗汉头部造型之十八

（降龙）罗汉头部造型之十九

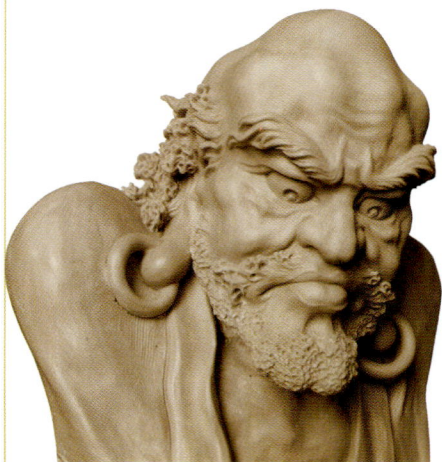

（伏虎）罗汉头部造型之二十

罗汉头部造型之二十一

罗汉头部造型之二十二

罗汉头部造型之二十三

罗汉头部造型之二十四

罗汉头部造型之二十五

罗汉头部造型之二十六

后记：一次质与量的全新升华

一位台湾朋友在台北闹市区经营了一家"鲸门古沉木雕艺术馆"，他每次到浙江，总要到我处，一方面交流艺术方面的心得，另一方面则是从我处拿去一些雕刻艺术类的书籍。他说我编著的书在台湾很受欢迎，特别是收藏界和艺术界的人士，争相看阅，这让我很欣慰。当然，这很大部分应该归功于这类书籍的策划、编辑和美工设计，没有他们的努力，书籍就达不到这样的效果。

有关罗汉题材的书我已编著出版过两册。一册是以照片为主的《木雕罗汉百态》；一册是以线描为主的《中国罗汉造像》，均受到读者欢迎。现在推出的是"中国传统题材造型"之《罗汉①》、《罗汉②》两册。这两册不仅文字作了较大的充实提高，而且所选的作品来了一个彻底的更新，照片从300多幅增加到约550幅，这是一次质与量的全新升华。

编著一本书，特别是编著一本上档次的好书，是作者文学素养与艺术造诣的结晶，对我来说，则是一次生命的燃烧。尽管我作了这样和那样的努力，书中一定还有许多不足之处，期盼不吝指教。

在浩瀚的神州大地上，本书选择的罗汉造型，仅是昆山片玉，邓林一枝，许多优秀的好作品还在我视线够不到的书外，因此，本书的出版仅起到抛砖引玉的作用。我期盼与更多的造型艺术家们结成朋友，吸纳更多的造型作品。这一方面让优秀的造型作品得到亮相的机会，特别是那些名不见经传而又身怀绝艺的民间艺人们能冒出"艺术的地平线"，使自己的人生价值得到体现。另一方面也让我以后出版的佛陀、菩萨、文人雅士、仕女、民俗风情、神龙、动物、花鸟等专集造型书的质量得到进一步提高。

再次感谢您的开卷阅读。

徐华铛

2011年6月6日于浙江嵊州市北直街东豪新村10幢105室"远尘斋"